This Book Belongs To:

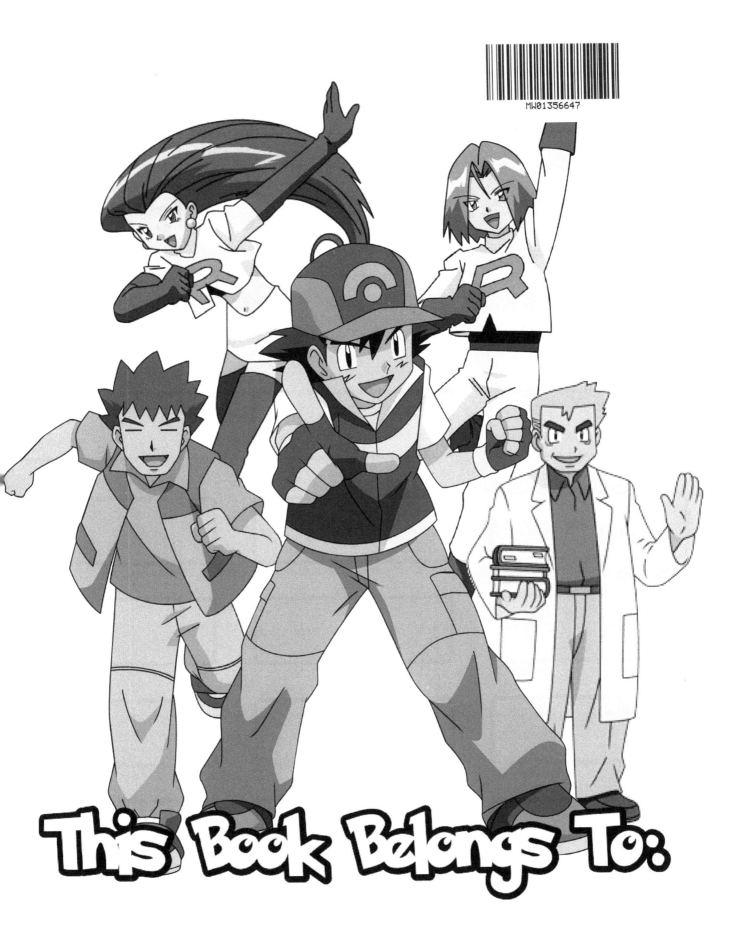

Test Your Colors

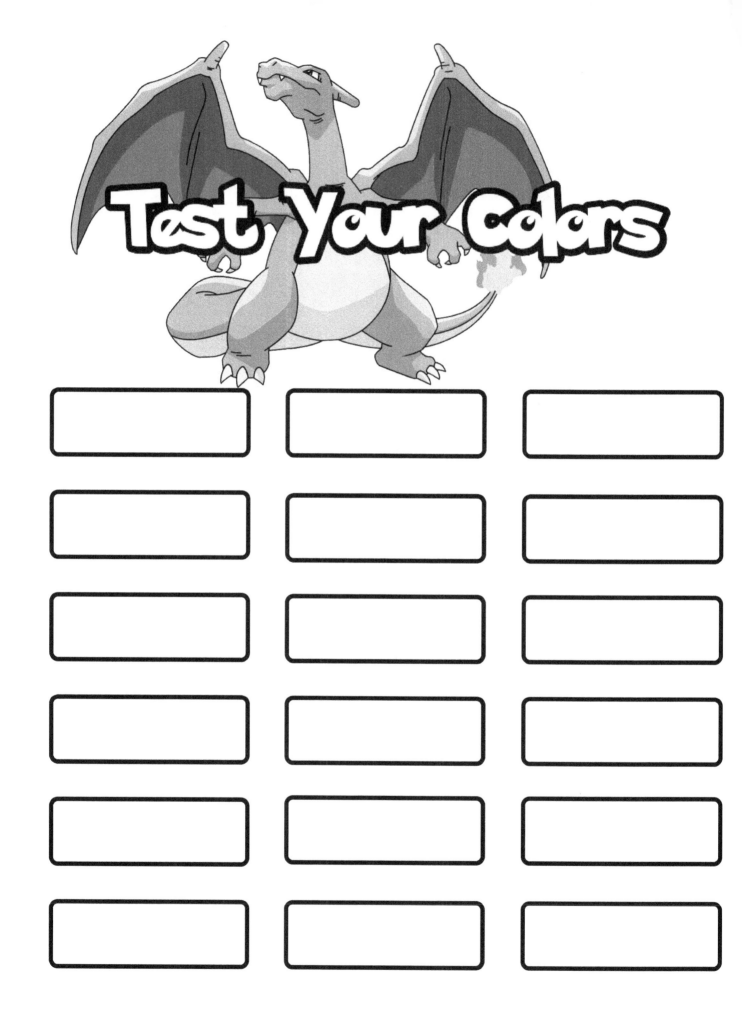

SQUIRTLE

POKÉMON

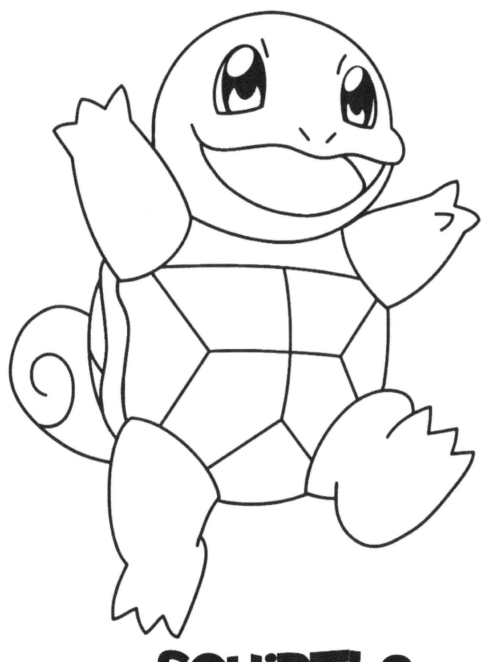

Name: Date:

Raichu

6	6	6	6	6	5	5	6	6	6	6	6	6	6	6	6	6	6	6
6	6	6	6	5	3	5	6	6	6	6	6	6	6	6	6	6	6	6
6	6	6	6	5	3	5	6	6	6	6	6	6	5	5	5	5	5	6
6	6	6	5	3	3	5	6	6	6	6	5	5	3	3		5	6	6
6	6	6	5	3	5	6	6	6	6	5	3	3	4	4	5	6	6	6
6	6	6	5	5	5	5	5	6	5	3	3	4	4	5	6	6	6	6
6	6	5	5	1	1	1	1	5	3	3	4	4	5	6	6	6	6	6
6	5	1	1	1	1	1	1	5	3	3	4	4	4	5	5	6	6	6
6	5	1	1	1	1	1	1	5	5	3	3	5	5	6	5	6	6	6
5	1	1	1	1	1	2	1	1	5	5	5	5	6	6	6	6	6	6
5	1	2	1	1	1		5	1	1	1	1	1	5	6	6	6	6	6
6	5	1	1	1	1	5	5	4	4	1	1	2	5	6	6	6	6	6
6	6	5	2	2	1	1	1	4	4	1	1	1	2	5	6	6	6	6
6	5	2	5	1	1	1	1	1	5	1	1	1	2	5	5	6	6	6
6	5	2	5			1	5	5	1	1	1	2	2	2	5	6	6	6
6	6	5	5	5		5	3	1	1	1	2	2	2	3	5	6	6	6
6	6	6	6	5		5	3	3	1	5	2	2	3	3	5	6	6	6
6	6	6	6	5	2		5	5	5	2	2	2	2	2	5	5	6	6
6	6	6	5	3	5	5	5			2	2	2	2	5	6	5	5	6
6	6	6	5	5	5	5	6	5	2	2	2	2	5	6	6	6	5	5

Key:

1	Orange	4	Yellow
2	Red-Orange	5	Black
3	Brown	6	Blue

*Blank squares are white

Name: Date:

Nidoking

2	2	2	2	2	3	3	2	2	2	2	2	2	2	2	2	2	2	2
2	2	2	2	3	4	3	2	2	2	2	2	2	2	3	3	3	2	2
3	3	3	2	3	4	5	3	2	3	2	2	3	3	4	4	4	3	3
3	4	4	3	3	5	5	3	3	4	3	3	4	4	3	3	1	4	4
2	3	5	4	4	3	3	4	3	1	3	4	4	3	1	1	1	3	3
2	2	3	5	4	4	5	4	4	1	3	4	3	1	1	1	1	3	2
2	2	2	3	5	5	3	4	4	4	3	4	3	1	1	1	1	3	2
2	2	2	3	3	3	4	4	4	4	5	4	1	1	1	1	3	3	3
2	2	2	3	4	4	5	4	4	3	5	5	5	5	3	3	5	5	3
2	2		4	4	4	5	4	3		5	5	5	5	5	5	5	5	5
2	2		5	4	4	4	3	3		5	5	5	5	5	5	3	3	5
2	2	2	3	5	5	5	5		5	5	3	5	5	5	5	3	5	5
2	2	2	3	3	3	3	3			3				3	3	5	5	5
2	2	2	3	4	4	5	3	3	3	2			3		5	5	5	5
2	2	3	4		5	3	3	2	2	3			3	5	5	5	5	3
2	2	3	4	5		3	2	2	3	4		3		5	5	3	3	5
2	2	3		5	3	2	2	2	3	4	4		3	3	3	3	5	4
2	2	2	3	3	2	2	2	3	2	3	3	2				5	4	4
2	2	2	2	2	2	2	2	2	3	3	3	3	3	3	2	5	5	5
2	2	2	2	2	2	2	2	2	2	2	2	2	2	2	3	3	5	5

Key:

1	Dark Blue	4	Light Purple
2	Gray	5	Purple
3	Black		

*Blank squares are white

Name: Date:

Suicune

6	6	6	6	6	6	6	6	6	6	1	1	1	1	6	6	6	6	6
6	6	6	6	6	6	6	6	6	1	4	4	4	1	1	1	6	6	1
6	6	6	6	6	6	6	6	1	4	5	4	5	1	3	3	1	1	3
6	6	6	6	6	6	6	1	4	5	5	4	5	1	3	3	3	3	1
6	6	6	6	6	6	1	4	4	5	4	4	4	1	1	3	3	1	3
6	6	6	6	6	1	4	4	5	4		4	1	3	3	1	1	3	3
6	6	6	6	1	4	4	5	4		4	4	1	3	3	3	3	3	1
6	6	6	1	4	4	5	4	4	4	4	1	3	1	1	3	3	1	3
6	6	6	1	4	1	4	4	4	4	1	1	1	3	3	1	1	3	1
6	6	6	1	1	5	4	4	4	4	4	5	1	3	3	3	3	1	
6	6	1	1	1	4	4		6	4	1	1	1	3	3	1	1		
6	1			1	4	2		6	6	6		6	1	1	1			6
1		6	1	6				6	6	6		6	1	1	1	4	4	6
1		1	1								6	1				1	4	1
1		1	1	1	1		1	1		6	1			1	1		1	1
1	1	6	6	6	1	1	1	6	1	1			1		6	1	6	
6	6	6	6	6	1	1				1		1	6		6	6	1	1
6	6	6	6	6	1	6	6		1	1		1	6		6	1	6	6
6	6	6	6	1		6	6	1	6	6	1	6	6		6	1	6	6
6	6	6	1	4	6	6	1	6	6	6	6	1			1	6	6	6

Key:

1	Black	4	Light Blue-Green
2	Red	5	Blue Green
3	Purple	6	Light Blue

*Blank squares are white

Name: Date:

Horsea

1	1	1	1	1	1	1	1	1	1	1	1	1	1	1	1	1	1	1
1	1	1	1	1	1	1	1	1	1	1	1	1	1	1	1	1	1	1
1	1	1	1	1	1	1	6	6	6	6	1	1	1	1	1	1	1	1
1	1	1	1	6	6	6	1	1	1	1	6	6	1	1	1	1	1	1
1	1	1	6	1	6	1	1	1	1	1	1	1	6	1	6	6	1	1
1	1	1	6	6	1	1	1	1	1	1	1	1	1	6	1	1	6	1
1	1	6	2	6		1	1	1	1	1	1	1	3	1	1	6	1	1
1	1	1	6	6	5	1	1	1			1	1	1	1	3	6	1	1
1	1	6	6	6	5	1	1	1	5		1	1	2	2	1	1	6	1
1	6	1	1	2	1	1	1	2	5		2	2	2	2	3	6	6	1
1	6	1	3	2	2	2	2	2	2	2	2	2	3	1	1	6	1	1
1	1	6	1	2	6	6	2	2	2	2	2	3	2	6	6	4	6	1
1	1	1	6	6	1	1	6	6	6	6	3	2	2	6	4	4	6	1
1	1	1	1	1	1	1	6	4	4	4	2	2	2	2	6	6	1	1
1	1	1	1	1	1	1	6	4	6	6	4	2	2	2	6	1	1	1
1	1	1	1	1	1	1	1	6	1	1	6	2	2	2	6	1	1	1
1	1	1	1	1	1	1	1	6	1	6	2	2	2	6	1	1	1	1
1	1	1	1	1	1	1	1	1	6	2	2	2	6	1	1	1	1	1
1	1	1	1	1	1	1	1	1	1	6	6	6	1	1	1	1	1	1
1	1	1	1	1	1	1	1	1	1	1	1	1	1	1	1	1	1	1

Key:

1	Light Blue	4	Yellow
2	Medium Blue	5	Orange
3	Dark Blue	6	Black

*Blank squares are white

Name: Date:

Arcanine

15	15	15	15	15	15	15	14	15	15	15	15	15	15	15	15	15	15	15
15	15	15	15	15	14	14		14	15	15	15	15	15	15	15	15	15	15
15	15	15	15	14		14		14	15	15	15	15	15	15	15	15	15	15
15	15	15	14				12	14	15	15	15	15	15	15	15	15	15	15
15	15	15	14			12	14	14	14	15	15	15	15	15	15	15	15	15
15	14	14	14	12	12	12	14	13	13	14	14	15	15	15	15	15	15	15
14	13	14	14	12	12	14	13	13	13	13	13	14	15	15	15	15	15	15
14	14	13	13	14	14	13	14	13	13	14	14	14	15	15	15	15	15	15
14	14	13	13	13	13	14		13	13	14	14	15	15	15	14	14	14	14
15	14	13	13	13	14	14		13	13	14	15	15	15	14				
15	14	14	14			13	13	13	13	14	15	15	14					
15	15	14					13	13	14	13	14	15	14				12	14
15	14	12	14	14	14	14	14	14	12	14	13	14	12			12	12	14
15	15	14	12	12	12	12	12	12		14	13	13	14	12	12	12	12	14
15	15	14				12	12	14		14	13	14	14	14	12	12	14	15
15	15	15	14	12		12		14	14	13	13	13	13	14	14	14	15	15
15	15	15	14	14		14		14	13	13	13	14	14	14	15	15	15	15
15	15	15	14	13	14	13	14	14	14	13	13	13	14	14	15	15	15	15
15	15	15	14	13	14	13	13	14	13	13	13	13	14	15	15	15	15	15
15	15	15	15	14	14	14	14	15	14	14	14	14	15	15	15	15	15	15

Key:

12	Orange
13	Red-Brown
14	Black
15	Blue

*Blank squares are white

Name: Date:

Magikarp

6	6	6	6	6	6	6	6	5	5	3	5	6	6	6	6	6	6	6
6	6	6	6	6	6	6	5	3	5	3	5	6	6	6	6	6	6	6
6	6	6	6	6	6	6	5	3	4	4	5	6	6	6	6	6	6	6
6	6	6	6	6	6	6	5	3	5	5	5	6	6	6	6	5	5	6
6	6	6	6	6	6	6	5	5	4	4	4	5	6	6	5	4	5	6
6	6	6	6	6	6	5	4	4	5	4	4	4	5	6	5		5	6
6	6	6	6	6	5	4	4	4	4	5	4	4	4	5	4		5	6
6	6	6	6	6	5	4	4	4		5	4	4	4	5			5	6
6	6	6	6	5	4	4	4				5	4	1	1	5		5	6
6	6	5	5	5	4	4	4		5		5	1	1	1	5		5	6
6	5			5	5	5	4				5	5	5	5	5		5	6
6	5		5	5	2	2	5	1		1					5		5	6
6	6	4	5	2	5	5	2	5	1	4	4				5		5	6
6	6	4	5	2	5	5	2	5	1	3	3	4		5	5	4	5	6
6	6	4	3	5	2	2	5	5	1	4	4	3	4	6	6	5	5	6
6	4	4	3	4	5	5	5	1	1	5	5	4	3	4	6	6	6	6
4	3	3	4	6	6	6	5	5	5	4	5	4	3	4	4	6	6	6
6	4	4	6	6	6	6	6	5	3	4	4	6	4	3	3	4	6	6
6	6	6	6	6	6	6	6	5	3	5	6	6	6	4	4	6	6	6
6	6	6	6	6	6	6	6	6	5	6	6	6	6	6	6	6	6	6

Key:

1	Red	4	Orange
2	Pink	5	Black
3	Yellow	6	Blue

*Blank squares are white

Name: Date:

Raikou

4	4	4	4	4	4	4	4	4	4	4	1	1	3	1	3	3	3	3
4	4	4	4	4	1	1	1	4	4	4	1	1	3	3	1	3	3	1
4	4	4	4	1	1			1	1	1	5	1	1	3	1	3	3	1
4	4	4	1	1	1		5	1			1	1	3	1	3	3	3	1
4	4	4	1	1	6	1	1	1		5	1	1	1	1	3	3	3	3
4	4	4	1	1	1	6	6	6	1	1	5	5	5	1	3	3	3	3
4	4	4	1	1		6	6	6	6	6	6	6	1	3	3	3	3	1
1	1	1	1	6	1	6	6	6	1	7	1	1	3	3	1	1	1	7
1	1	5	1	5		6	6	1	7	7		5	1	1	1	1	1	7
4	1	1	4	1	6	6	1		7				1	1	1	8	8	1
1	1	5	4	6	6	1	2		1	1	1		1	8	1	7	7	7
4	1	1	5	4	4	5	5	4	5	5	1	5	1	8	8	1	8	1
4	1	1		1	5	1	4	5	4	1	5	1	7	7	7	8	8	1
4	4	1	1	1	1	1	5	1	5	1	1	1	7	7	1	8	1	1
4	4	1	1	8	8	1		1	1	1	1	7	7	1	1	1	1	4
4	1	1	7	7	8	1	1	1	1	8	1	7	1	1	4	4	4	4
1	1		5	7	1	4	4	1	1	8	8	1	1	4	4	4	4	4
1	1	1	5		1	4	1	1	8	7	7	7	1	4	4	4	4	4
4	1	1	1	1	4	4	1	1	5	5	7	1	4	4	4	4	4	4
4	4	4	4	4	4	1	1	5		5		1	4	4	4	4	4	4

Key:

1	Black	4	Blue	7	Yellow
2	Red	5	Light Gray	8	Orange
3	Purple	6	Dark Gray		

*Blank squares are white

Name: Date:

Cubone

2	2	2	2	2	2	2	2	2	2	2	2	2	2	2	2	2	2	2
2	2	2	2	2	2	2	2	2	2	2	2	2	2	2	2	2	2	2
2	2	2	2	2	5	5	2	5	5	5	5	5	2	5	5	5	2	2
2	2	5	5	5			5						5			5	2	2
2	5			5	5	5						1			1	5	2	2
2	5		1	5	5							1	1	1	5	2	2	2
2	2	5	1	5	5						4	4	1	5	2	2	2	2
2	2	5	1	5	5						5		4	1	5	2	2	2
2	2	5	1	5						1	5		4	1	5	2	2	2
2	2	5	5	5	1			5	5	1	4	4	1	5	2	2	2	2
2	5	3	3	5	1	1	1	5	5	1	1	5	5	2	2	2	2	2
2	5	4	4	5	5	1	1	1	1	5	5	4	4	5	5	5	2	2
2	2	5	5	5	4	5	5	5	5	4	4	4	5	4	3	3	5	2
2	2	2	2	2	5	5	1	1	1	1	4	5	4	5	4	4	5	2
2	2	2	2	5	1	5	1	1	1	1	5	4	4	4	5	5	2	2
2	2	2	2	5	5	5	5	1	1	1	5	4	4	4	5	2	2	2
2	2	2	2	2	2	2	2	5	5	5	5	4	4	4	5	2	2	2
2	2	2	2	2	2	2	2	2	2	2	2	5		3	5	2	2	2
2	2	2	2	2	2	2	2	2	2	2	2	2	5	5	2	2	2	2
2	2	2	2	2	2	2	2	2	2	2	2	2	2	2	2	2	2	2

Key:

0	Gray
1,2,3	Blue
4,5,6	Beige
7,8,9	Red-Orange
10	Black

*Blank squares are white

Name: Date:

Aerodactyl

5	5	5	5	5	5	5	5	5	5	5	5	5	5	5	5	5	5	5
5	5	5	5	5	5	5	5	5	5	5	5	5	5	5	5	5	5	5
5	5	5	5	5	5	5	5	5	5	5	5	5	5	5	5	5	5	5
5	5	5	5	5	5	5	4	4	5	5	5	5	5	4	4	5	5	5
5	5	5	4	4	4	5	4	2	4	5	5	5	4	2	4	5	5	5
5	4	4	2	2	2	4	4	2	2	4	4	4	2	2	4	4	5	4
4	2	2	2	2	4	2	4	2	2	2	2	2	2	3	4	2	4	2
5	4	2	2	4	2	4	2	2	2	2	2	2	3	4	2	2	2	2
5	5	4	4	2	2	4	2	2	2	2	4	3	3	4	2	2	2	2
5	5	5	4	2	4	2	2	2	2	4		3	3	3	4	2	2	2
5	5	5	5	4	2	2	2	2	4	1		3	3	3	4	2	2	2
5	5	5	5	4	2	2	2	3	3	3	3	3	3	4	3	3	2	4
5	5	5	5	4	3	2	4	3	3	4	4	3	4	3	4	3	4	2
5	5	5	5	5	4	3	3	4	4	1	1	3	4	3	3	4	4	3
5	5	5	5	5	5	4	4	1	1	1	3	4	5	4	4	4	2	3
5	5	5	5	5	5	5	4	3	3	3	4	5	5	5	5	4	3	4
5	5	5	5	5	5	5	5	4	4	4	5	5	5	5	5	5	4	5
5	5	5	5	5	5	5	5	5	5	5	5	5	5	5	5	5	5	5
5	5	5	5	5	5	5	5	5	5	5	5	5	5	5	5	5	5	5
5	5	5	5	5	5	5	5	5	5	5	5	5	5	5	5	5	5	5

Key:

1	Red
2	Gray
3	Light Gray
4	Black
5	Blue

*Blank squares are white

Name: Date:

Scyther

5	5	5	5	5	5	5	5	5	5	5	5	5	5	5	5	5	5	5
5	5	5	5	5	4	4	5	5	4	4	4	5	5	5	5	5	5	5
5	5	5	5	5	4	2	4	4	2	2	4	5	5	5	5	5	5	5
4	4	4	5	4	2	4	2	2	2	2	4	4	4	4	5	5	5	5
4	3	3	4	4	2	2	2	2	2	4	2	2	2	4	5	5	5	5
5	4	1	4	2	2	2	2	2	4	2	2	2	4	5	5	5	4	4
5	4	1	4	2	2	2	2	2	2	2	4	4	4	5	4	4	3	3
5	5	4	2	2	2	2	2	2	2	4	3	3	3	4	3	3	2	4
5	5	4	2	2	2	2	2	3	4	3	2	2	4	4	4	2	2	4
5	5	5	4	2	2	2	4	4	1	2	2	4	4	3	3	4	4	5
5	5	4	4	2	2	4		4		4	4	3	4	2	3	4	5	5
5	4	3	3	4	3	2	2	4	4	3	3	4	4		2	3	4	5
5	4	3		4	4	4	4	3	3	3	3	3	4			3	4	5
5	4	3		4	4	4	4	4	4	4	3	4	3	4		3	4	5
5	5	4		4		4	4	2	3	3	4	3	3	4		3	4	5
5	5	5	4	4	4	3	3	4	2	3	4	3	4			4	5	5
5	5	5	5	5	4	4	4	5	4	4	3	4	4		4	5	5	5
5	5	5	5	5	5	5	5	5	5	5	4	1	1	4	5	5	5	5
5	5	5	5	5	5	5	5	5	5	5	5	4	4	5	5	5	5	5
5	5	5	5	5	5	5	5	5	5	5	5	5	5	5	5	5	5	5

Key:

1	Gray
2	Green
3	Dark Green
4	Black
5	Blue

*Blank squares are white

Name: Date:

Gyarados

4	4	4	4	4	4	6	2	6	4	4	6	6				6	4	4
4	4	4	4	4	4	6	2	6	6	6	6	5		5	5	5	6	4
4	6	6	4	4	6	2	2	6	5	5	6	6	5	5	5	5	6	4
4	6	2	6	4	6	2	2	6	6	6	2	6	6	5	5	5	5	6
4	4	6	2	6	6	2	6	6	2	2	6	5	5	6	5	5	5	5
4	4	6	2	6	2	2	6	2	2	6	5	5	5	5	6	5	6	6
4	4	4	6	2	2	2	2	2	6	5	5	5	5	6	6	6	6	6
4	4	4	6	6	2	2	6	6	5	5	5	5	6	5	5	5	6	5
4	4	4	4	6	6	6	6		5	5	5	5	6	5			6	5
4	4	4	6	5	5	5	3		5	5	5	6				6	5	5
4	4	6	1	5	5	5	5	5	5	5	5	5	6	7	7	6	5	6
4	4	6	1	1	1	1	1	5	5	5	6	6	6	6			6	5
4	6	5	6	6	6	1	1	6	5	6	6	1	1	1	6	6	6	5
6	5	6		6		6	1	6	5	6	5	6	1	1	1	1	1	1
6	5	6		6	6	3	6	1	6	6	5	5	6	1	1	1	1	1
6	5	6		6	3	3	6	1	6	4	6	5	6	6	6	1	1	1
4	6	5	6	6	3		6	1	6	4	6	5	6	4	4	6	6	6
4	4	6	6	1	6	6	1	6	4	4	4	6	5	6	4	4	4	4
4	4	4	4	6	1	1	1	6	4	4	4	6	5	6	4	4	4	4
4	4	4	4	4	6	6	6	4	4	4	6	5	6	4	4	4	4	4

Key:

1	Beige	4	Blue	7	Gray
2	Green	5	Dark Blue		
3	Red	6	Black		

*Blank squares are white

Name: _____   Date: _____

Geodude

4	4	4	4	4	4	4	4	4	4	4	4	4	4	4	4	4	4	4
4	4	4	4	4	4	4	4	4	4	4	4	4	4	4	4	4	4	4
4	4	4	4	4	4	4	4	4	4	4	4	4	4	4	4	4	4	4
4	4	4	4	4	4	4	4	4	4	4	4	4	4	4	3	3	3	3
4	4	4	4	4	4	4	4	4	4	4	4	4	4	3	1	3	1	1
4	4	4	4	4	4	4	4	4	4	4	4	4	4	3	2	3	1	3
4	4	4	4	4	4	4	4	4	4	4	4	4	4	3	3	3	2	3
4	3	3	3	4	4	4	4	3	3	3	3	3	4	4	3	1	3	2
3	3	3	1	3	3	3	3	1	2	2	1	2	3	3	4	3	2	2
3	1	1	3	1	3	3	2	1	1	1	1	2	2	2	3	3	3	1
1	3	2	3	2	1	3	1	1	1	3	1	3	2	2	1	1	2	1
1	2	3	3	3	1	3	1	1	3	1	3	1	2	3	3	3	3	2
3	3	2	1	3	1	3	3	1	1	3	3		2	3	4	4	4	3
4	3	3	3	2	2	3	2	2	2	2	2	2	3	4	4	4	4	4
4	4	3	1	2	2	3	3	3	3	3	2	2	3	4	4	4	4	4
4	4	4	3	3	3	4	4	3	3	3	3	3	4	4	4	4	4	4
4	4	4	4	4	4	4	4	4	4	4	4	4	4	4	4	4	4	4
4	4	4	4	4	4	4	4	4	4	4	4	4	4	4	4	4	4	4
4	4	4	4	4	4	4	4	4	4	4	4	4	4	4	4	4	4	4
4	4	4	4	4	4	4	4	4	4	4	4	4	4	4	4	4	4	4

Key:

1	Gray
2	Dark Gray
3	Black
4	Blue

*Blank squares are white

Name: Date:

Horsea

2-1	1-0	5-4	4-3	4-3	2-1	2-1	4-3	6-5	1-0	6-5	4-3	5-4	5-4	6-5	4-3	4-3	3-2	5-4
4-3	6-5	3-2	3-2	4-3	6-5	6-5	6-5	6-5	6-5	3-2	6-5	2-1	4-3	5-4	3-2	6-5	6-5	3-2
2-1	2-1	6-5	3-2	4-3	1-0	4-3	9-3	10-4	11-5	7-1	3-2	1-0	5-4	2-1	3-2	1-0	6-5	6-5
2-1	4-3	5-4	6-5	7-1	8-2	7-1	2-1	6-5	3-2	5-4	9-3	9-3	5-4	2-1	6-5	4-3	1-0	5-4
2-1	5-4	5-4	9-3	2-1	8-2	5-4	1-0	3-2	5-4	6-5	3-2	5-4	8-2	2-1	11-5	9-3	6-5	5-4
3-2	1-0	2-1	10-4	9-3	4-3	6-5	5-4	2-1	3-2	3-2	2-1	2-1	2-1	8-2	4-3	5-4	10-4	3-2
6-5	6-5	9-3	3-1	8-2		2-1	2-1	3-2	1-0	2-1	4-3	5-4	4-1	2-1	5-4	7-1	4-3	1-0
4-3	5-4	5-4	9-3	11-5	10-5	2-1	2-1	1-0			5-4	6-5	2-1	2-1	6-3	8-2	5-4	4-3
3-2	2-1	8-2	11-5	8-2	7-2	3-2	5-4	3-2	7-2		2-1	2-1	4-2	6-4	5-4	3-2	7-1	4-3
3-2	9-3	2-1	2-1	3-1	5-4	6-5	2-1	7-5	5-0		7-5	4-2	4-2	7-5	4-1	6-0	9-3	4-3
3-2	6-0	5-4	6-3	5-3	4-2	5-3	3-1	3-1	5-3	7-5	2-0	7-5	8-5	6-5	3-2	10-4	4-3	2-1
5-4	5-4	6-0	6-5	6-4	11-5	8-2	5-3	4-2	7-5	2-0	4-2	4-1	5-3	6-0	7-1	7-3	8-2	5-4
2-1	4-3	5-4	10-4	6-0	6-5	3-2	7-1	6-0	8-2	9-3	5-2	7-5	5-3	9-3	9-5	7-3	7-1	6-5
5-4	3-2	3-2	2-1	1-0	5-4	5-4	9-3	8-4	4-0	8-4	3-1	3-1	3-1	6-4	10-4	8-2	2-1	4-3
2-1	1-0	5-4	5-4	4-3	6-5	2-1	9-3	5-1	7-1	10-4	6-2	2-0	6-4	4-2	10-4	1-0	2-1	3-2
3-2	3-2	6-5	5-4	2-1	4-3	2-1	5-4	10-4	1-0	3-2	9-3	3-1	3-1	6-4	11-5	4-3	6-5	2-1
5-4	2-1	6-5	2-1	6-5	2-1	3-2	3-2	9-3	2-1	7-1	3-1	5-3	5-3	8-2	6-5	5-4	4-3	1-0
2-1	3-2	1-0	2-1	3-2	1-0	2-1	2-1	3-2	9-3	3-1	6-4	5-3	8-2	3-2	4-3	3-2	2-1	3-2
2-1	4-3	4-3	1-0	4-3	6-5	5-4	3-2	4-3	2-1	11-5	6-0	7-1	4-3	4-3	5-4	3-2	5-4	4-3
6-5	1-0	3-2	4-3	4-3	3-2	6-5	4-3	3-2	2-1	3-2	2-1	2-1	6-5	3-2	5-4	3-2	6-5	1-0

Key:

1	Light Blue	4	Yellow
2	Medium Blue	5	Orange
3	Dark Blue	6	Black

*Blank squares are white

Name: Date:

Mew

4	4	4	4	4	4	4	4	4	4	4	6	6	4	4	4	4	4	4
4	4	4	4	4	4	4	4	4	4	6	1	1	6	4	4	4	4	4
4	4	4	4	4	4	4	4	6	6	6	6	1	6	4	4	4	4	4
4	4	4	4	4	4	6	6	6	1	1	1	1	6	4	4	4	4	4
4	4	4	4	4	6	1	1	1	1	1	1	1	1	6	4	4	4	4
4	4	6	6	6	1	1	1	1	1	1	1	1	1	1	6	4	4	4
6	6	1	1	1	1	1	1	1	1	1	1	1	1	1		6	4	4
6	1	1	1	1	1	1	1	1	2	1	1	1	1	1	4	6	4	4
6	1	1	1	1	1	1	1	1	1	3	1	1	1	1	4	6	4	4
6	2	2	2	1	1	1	6	6	3	1	1	1	1	1	1	6	4	4
4	6	2	2	1	1	6		4		3	1	1	1	1	1	2	6	4
4	6	2	2	1	1	3	5	4			1	1	1	1	1	1	6	4
4	4	6	2	2	1	3	5	5			1	1	1	1	1	2	6	4
4	4	6	2	2	2	1	3	3	2	2	2	2	2	2	2	6	4	4
4	4	4	6	2	2	2	2	2	2	2	2	2	6	6	6	4	4	4
4	4	4	4	6	6	2	2	2	2	6	6	6	6	4	4	4	4	4
4	4	4	4	4	4	6	6	6	2	2	2	2	6	6	6	6	6	4
4	4	4	4	4	4	4	6	2	2	2	2	2	1	6		1	1	6
4	4	4	4	4	4	4	6	6	1	1	1	1	1	1	6	6	2	6
4	4	4	4	4	6	6	1	1	1	1	1	1	1	1	1	1	6	4

Key:

1	Light Pink	4	Light Blue
2	Dark Pink	5	Dark Blue
3	Red	6	Black

*Blank squares are white

Name: Date:

Articuno

3	3	3	3	3	3	3	3	3	3	3	3	3	3	3	3	3	3	3
3	3	3	3	3	3	3	3	3	3	3	3	3	3	3	3	3	3	3
3	4	4	3	3	3	3	3	3	3	3	3	3	3	3	3	3	3	3
4	2	2	4	4	3	3	3	3	3	3	3	3	3	3	3	3	3	3
4	2	4	2	2	4	3	3	3	3	3	3	3	3	3	3	3	3	4
4	2	2	2	4	2	4	4	4	3	3	3	3	3	3	3	4	4	3
4	2	2	3	2	2	2	2	2	4	3	3	3	3	3	4	3	2	2
3	4	2	2	2	2	2	2	4	4	4	3	3	3	3	4	2	3	3
3	4	2	2	4	4	2	4	2	4	2	4	4	4	4	2	2	4	4
3	3	4	2	4	2	4	2	3	4	2	2	2	2	2	4	4	3	3
3	3	3	4	4	3	4	3	3	4	4	4	2	2	2	2	2	4	3
3	3	3	3	4	4	3	3	4	2	3	4	2	2	2	2	4	4	3
3	3	3	3	4	4	3	4	2	3	4	2	2	2	3	4	2	2	4
3	3	3	3	3	4	4	3	3	4	2	2	2	2	2	2	2	4	4
3	3	3	3	3	4	4	4	4		2	2	4	2	2	2	2	2	2
3	3	3	3	4	1	1	3	5		2	2	4	4	2	2	2	2	2
3	3	3	3	4	1	1	3	2	2	2	4	3	3	4	2	2	2	2
3	3	3	3	4		4	4	4	4	4	3	3	3	3	4	4	2	2
3	3	3	3	3	4	3	3	3	3	3	3	3	3	3	3	3	4	4
3	3	3	3	3	3	3	3	3	3	3	3	3	3	3	3	3	3	3

Key:

1	Gray
2	Light Blue
3	Sky Blue
4	Black
5	Red

*Blank squares are white

Name: Date:

Blastoise

2	2	2	2	2	2	5	5	2	2	2	2	2	2	2	2	2	2	2
2	2	2	2	2	5	5	1	5	2	2	2	2	2	2	2	2	2	2
2	2	2	2	2	5		1	1	5	5	5	2	2	2	5	5	2	2
2	2	2	5	5	5	5		4	4	4	4	5	5	5	1	1	5	2
2	2	2	5	2	5	5	4	4	4	4	4	4	5		5	5	1	5
2	2	2	5	2	2	3	5	5	4	5	5	4			5	5	1	5
2	2	5	2	2	2	2	3	3	5	3	5	4	4	1	1	1	5	2
2	5	3	2	2	2	2	2	3	3	3	5	4	4	1	1	5	4	5
2	5	2	2	2	2	3	5	3	3	5	1	1	1	1	1	4	4	5
5	2	2	2	2	3	5		3	3	3	5		5	5	5	1	4	4
5	2	2	2	2	5	5	2	3	2	3	5	5	3	3	3	5	1	4
5		2	2	2	2	2	3	2	2	5	1	5	2	3	3	5	1	4
2	5			2	2		2	2	5	1	5	2	2	2	3	5	1	1
2	2	5	5			2	5	5		5	2	3	2	2	5	2	5	5
2	2	2	2	5	5	5			5		2	2	3	5	2	2	3	5
2	2	2	2	2	5	5	4		5	5	2	2	5	2	2	2	3	3
2	2	2	2	2	5	5	5	4	4	5		5	5	5	5	2	2	3
2	2	2	2	2	2	2	2	5	5	4	5	4	5	3	2	2	3	5
2	2	2	2	2	2	2	2	2	2	5	5	5	5		2	2		5
2	2	2	2	2	2	2	2	2	2	2	2	2	2	5			5	2

Key:

1	Gray
2	Light Blue
3	Dark Blue
4	Brown
5	Black

*Blank squares are white

Name: Date:

Gengar

5	6	5	5	5	5	5	6	3	6	5	6	5	5	5	5	5	6	6
6	3	6	6	5	5	6	6	3	6	6	3	6	5	5	6	6	3	3
6	3	3	3	6	6	4	6	3	4	6	4	4	6	6	3	3	3	4
6	4	3	3	4	6	6	3	3	3	4	3	4	3	3	3	3	4	4
5	6	4	4	4	3	3	3	3	3	3	4	4	4	4	4	4	4	4
5	6	4	4	3	3	3	3	3	3	3	4	4	4	4	4	4	4	6
5	6	4	4	3	3	3	3	3	3	4	4	4	4	4	4	4	4	6
5	5	6	6	4	3	3	3	3	4	6	6	3	4	4	4	4	3	6
5	5	6	6	6	4	4	6	6	6	2	2	6	4	4	3	3	6	4
5	6	6	6	6	4	4	4	2	6	2	2	6	4	4	6	6	6	4
5	6	6	2	4	4	4	4	2	2	2	6	6	6	6	3	3	3	6
6	4	6	6	6	6	6	6	6	6	6	6	1	6	4	3	3	3	3
6	4	6	6		6	1	1	1	6		6	6	4	4	4	4	3	3
6	4	4	6	6	6			6		6	4	4	3	6	4	4	4	
5	6	6	6	4	6	6	6	6	6	6	4	4	4	4	4	6	6	6
5	5	5	5	6	4	4	4	4	4	4	4	3	3	4	4	4	4	6
5	5	5	5	6	6	4	4	4	4	4	4	3	3	3	4	4	4	6
5	5	5	5	6	4	6	6	6	6	4	4	3	3	3	4	4	6	6
5	5	5	5	6	4	4	4	6	5	6	6	4	3	3	4	4	6	5
5	5	5	5	5	6	6	6	5	5	5	5	6	4	4	4	6	5	5

Key:

1	Gray	4	Dark Purple
2	Red	5	Blue
3	Light Purple	6	Black

*Blank squares are white

Name: Date:

Snorlax

1	1	1	4	4	4	1	1	1	1	1	1	1	4	4	4	1	1	1
1	1	1	4	5	5	4	4	4	4	4	4	4	5	5	4	1	1	1
1	1	1	4	5	5	5	5	5	5	5	5	5	5	5	4	1	1	1
1	1	1	4	5	5	5	5	5	5	5	5	5	5	5	4	1	1	1
1	1	4	5	5	2	2	5	5	5	5	5	2	2	5	5	4	1	1
1	1	4	5	2	2	2	2	2	5	2	2	2	2	2	5	4	1	1
1	1	4	5	2	2	2	2	2	2	2	2	2	2	2	5	4	1	1
1	1	4	5	2	2	2	2	2	2	2	2	2	2	2	5	4	1	1
1	1	1	4	2	4	4	4	2	2	2	4	4	4	2	4	1	1	1
1	1	1	4	2	2	2	2	2	2	2	2	2	2	2	4	1	1	1
1	1	4	5	4	4	2	2	2	2	2	2	2	4	4	5	4	1	1
1	4	5	5		4	4	4	4	4	4	4	4	4		5	5	4	1
1	4	5	5	5		4	2	2	2	2	2	4		5	5	5	4	1
1	4	5	5		4	2	2	2	2	2	2	2	4		5	5	4	1
1	1	4	4	4	5	2	2	2	2	2	2	2	5	4	4	4	1	1
1	1	1	4	5	2	2	2	2	2	2	2	2	2	5	4	1	1	1
1	1	4	5	5	2	2	2	2	2	2	2	2	2	5	5	4	1	1
1	1	4	4	4	3	2	2	2	2	2	2	2	3	4	4	4	1	1
1	4		2		4	3	2	2	2	2	2	3	4		2		4	1
1	4	2	3	2	4	3	3	3	3	3	3	3	4	2	3	2	4	1

Key:

1	Blue
2	Beige
3	Dark Beige
4	Black
5	Blue Green

*Blank squares are white

Name: Date:

Lapras

1	1	1	1	1	1	1	1	1	1	1	1	1	1	1	1	1	1	1
1	1	1	1	4	4	1	1	1	4	4	4	1	1	1	1	1	1	1
1	1	1	4	1	1	4	4	4	1	1	5	4	1	1	1	1	1	1
4	4	4	1	4	4	1	5	5	1	4	5	4	1	4	1	1	1	1
4	1	5	4	1	1	5	5	5	4	5	5	4	4		4	4	1	1
1	4	1	5	4	5	5	5	5	5	4	4				4		4	4
1	1	4	1	5	5	5		5	5	4			4			0	4	0
1	4	1	5	5	5	4		5	5	4	0	4		4	0	0	0	0
1	4	1	5	5	5	4	5	5	5	4	0	0	0	0	0	0	0	4
1	4	1	5	5	5	3	3	4	5	4	4	0	0	0	4	4	4	5
1	1	4	2	2	3	3	4	3	3	5	4	4	4	4	5	5	5	5
1	1	1	4	4	4	4	3	3	3	5	5	5	5	5	5	5	5	5
1	1	1	1	1	4	4	2	3	3	1	5	5	5	5	5	5	5	5
1	1	1	4	4	4	2	2	3	3	1	5	5	5	5	5	5	4	4
1	1	4	5	5	4	2	2	3	3	3	1	5	5	5	4	4	0	0
0	4	5	3	3	4	4	2	2	3	3	1	1	5	5	4	0	0	0
0	0	4	4	4	0	0	4	4	4	4	3	3	1	5	5	4	0	0
0	0	0	0	0	0	0	0	0	0	0	4	3	3	1	5	5	4	0
0	0	0	0	0	0	0	0	0	0	0	0	4	4	4	4	4	0	0
0	0	0	0	0	0	0	0	0	0	0	0	0	0	0	0	0	0	0

Key:

0	Gray	3	Dark Beige
1	Blue	4	Black
2	Beige	5	Blue Green

Name: Date:

Moltres

5	5	5	5	5	5	5	5	5	5	5	5	5	5	5	5	5	5	5
5	5	5	5	5	5	5	5	5	5	5	5	5	5	5	5	5	5	5
5	5	4	5	4	4	5	4	5	5	5	5	5	5	5	5	5	5	5
5	4	2	4	2	2	4	2	4	5	5	5	5	5	5	5	5	5	5
4	4	2	2	2	1	2	4	2	4	5	5	5	5	5	4	4	5	5
4	1	1	1	1	1	1	2	2	2	4	5	5	4	4	2	2	4	4
1	1	1	1	1	1	1	1	1	2	4	5	4	2	2	2	2	2	2
1	1	1	4	4	4	1	1	4	4	1	4	2	2	2	1	2	1	1
4	4	4	5	5	5	4	4	2	4				2	1	1	4	4	1
5	5	5	5	5	4	2	4	4	4	1	1	1	1	2	4	2	2	4
5	5	5	5	4	2	4	2	4	1	1	1	1	4	4	2	4	2	2
5	5	5	5	4	3	2	3	3	4	1	1	1	1	1	1	1	1	1
5	5	5	5	4	4	3	3	4	1	1	1	1	1	1	1	1	1	1
5	5	5	4	1	1	4	4	1	1	1	1	4	4	4	4	1	1	1
5	5	5	4	4	1	1	1		1	4	4	5	5	5	5	4	4	1
5	5	4	2	3	4	1	4		1	4	5	5	5	5	5	5	5	4
5	4	2	3	3	4	1	1	1	4	5	5	5	5	5	5	5	5	4
5	4	3	4	4	4	4	4	4	5	5	5	5	5	5	5	5	5	5
5	4	4	5	5	5	5	5	5	5	5	5	5	5	5	5	5	5	5
5	5	5	5	5	5	5	5	5	5	5	5	5	5	5	5	5	5	5

Key:

1	Yellow
2	Red-Orange
3	Red
4	Black
5	Blue

*Blank squares are white

Name: Date:

Gengar

5	6	5	5	5	5	5	6	3	6	5	6	5	5	5	5	5	6	6
6	3	6	6	5	5	6	6	3	6	6	3	6	5	5	6	6	3	3
6	3	3	3	6	6	4	6	3	4	6	4	4	6	6	3	3	3	4
6	4	3	3	4	6	6	3	3	3	4	3	4	3	3	3	3	4	4
5	6	4	4	4	3	3	3	3	3	3	4	4	4	4	4	4	4	4
5	6	4	4	3	3	3	3	3	3	3	4	4	4	4	4	4	4	6
5	6	4	4	3	3	3	3	3	3	4	4	4	4	4	4	4	4	6
5	5	6	6	4	3	3	3	3	4	6	6	3	4	4	4	4	3	6
5	5	6	6	6	4	4	6	6	6	2	2	6	4	4	3	3	6	4
5	6	6	6	6	4	4	4	2	6	2	2	6	4	4	6	6	6	4
5	6	6	2	4	4	4	4	2	2	2	6	6	6	6	3	3	3	6
6	4	6	6	6	6	6	6	6	6	6	6	1	6	4	3	3	3	3
6	4	6	6		6	1	1	1	6		6	6	4	4	4	4	3	3
6	4	4	6	6	6				6		6	4	4	3	6	4	4	4
5	6	6	6	4	6	6	6	6	6	6	4	4	4	4	4	6	6	6
5	5	5	5	6	4	4	4	4	4	4	4	3	3	4	4	4	4	6
5	5	5	5	6	6	4	4	4	4	4	4	3	3	3	4	4	4	6
5	5	5	5	6	4	6	6	6	6	4	4	3	3	3	4	4	6	6
5	5	5	5	6	4	4	4	6	5	6	6	4	3	3	4	4	6	5
5	5	5	5	5	6	6	6	5	5	5	5	6	4	4	4	6	5	5

Key:

1	Gray	4	Dark Purple
2	Red	5	Blue
3	Light Purple	6	Black

*Blank squares are white

CHARMANDER

POKÉMON

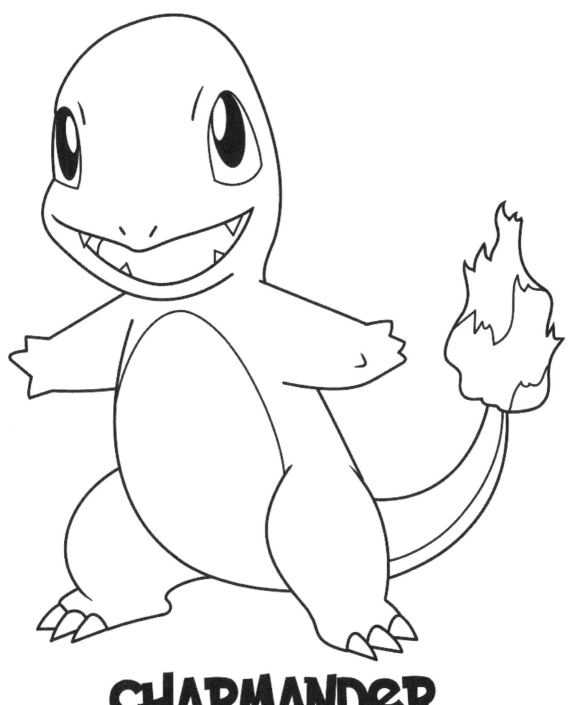

PIKACHU

POKÉMON

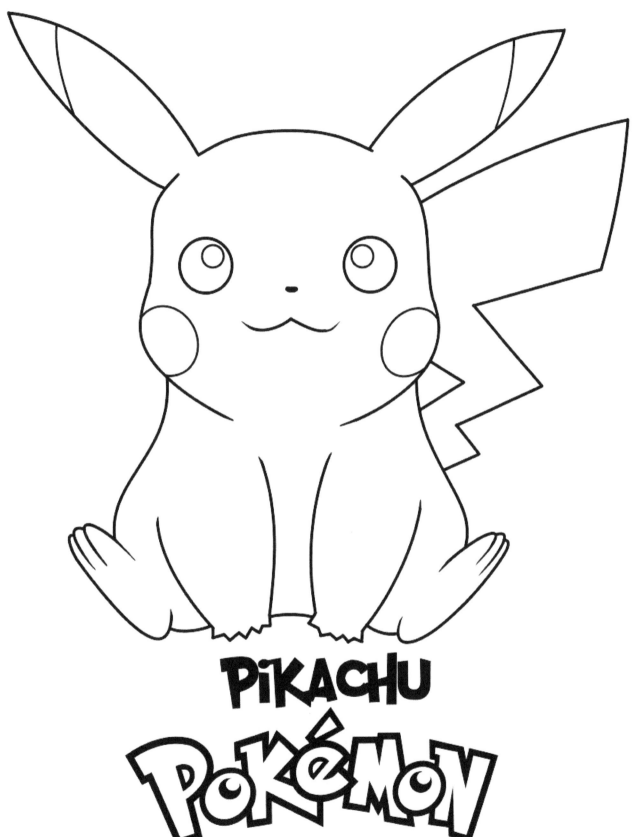

PICHU

POKÉMON

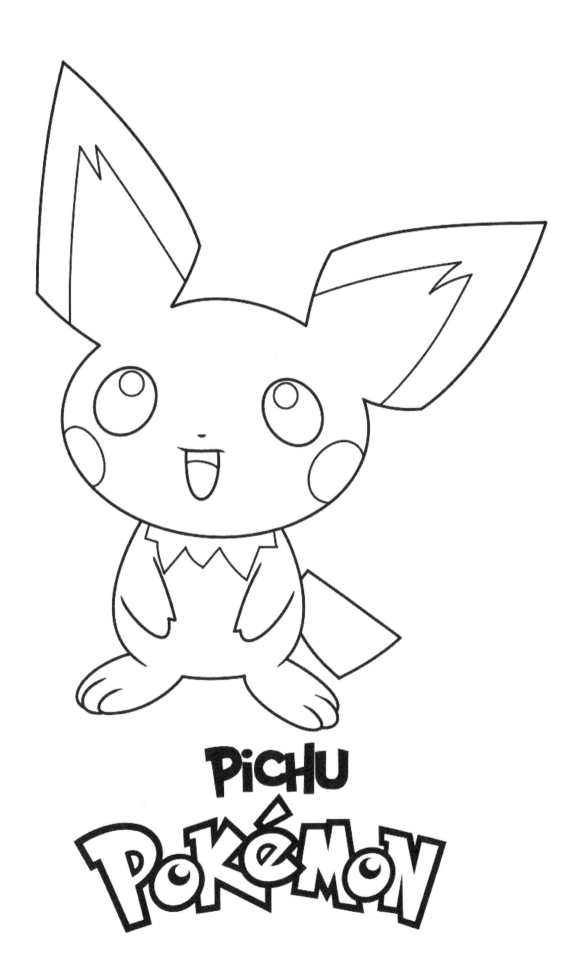

THWACKEY

POKÉMON

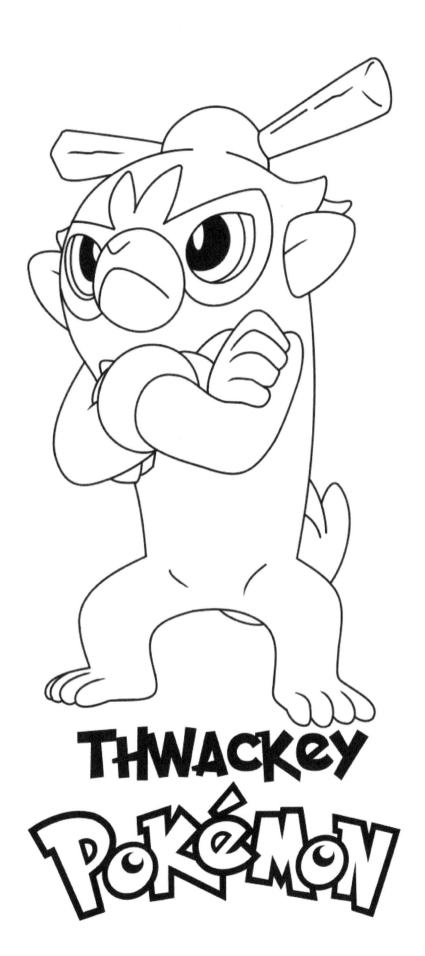

BULBAZAVR

Pokémon

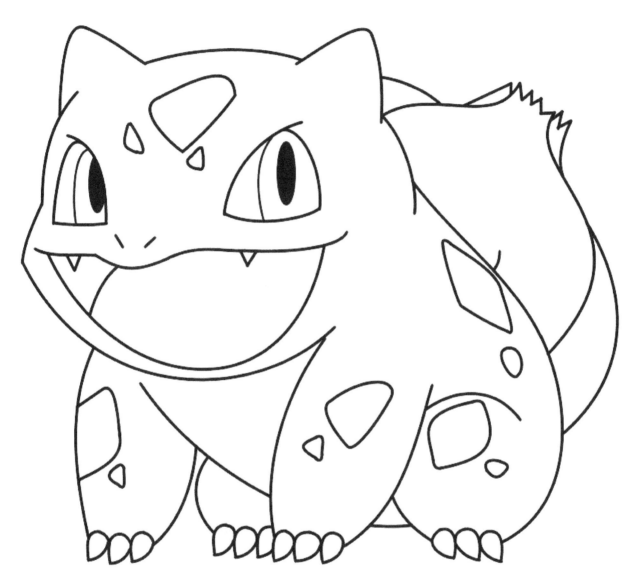

WARTORTLE

POKéMON

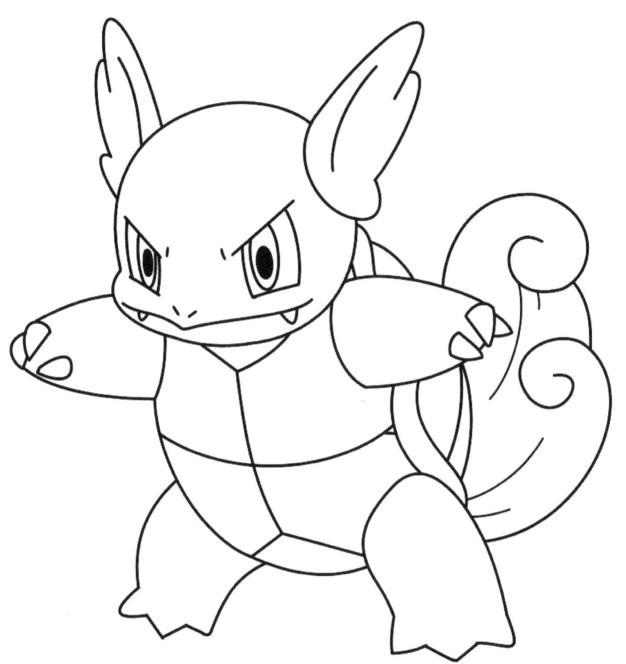

RiLLABOOM

Pokémon

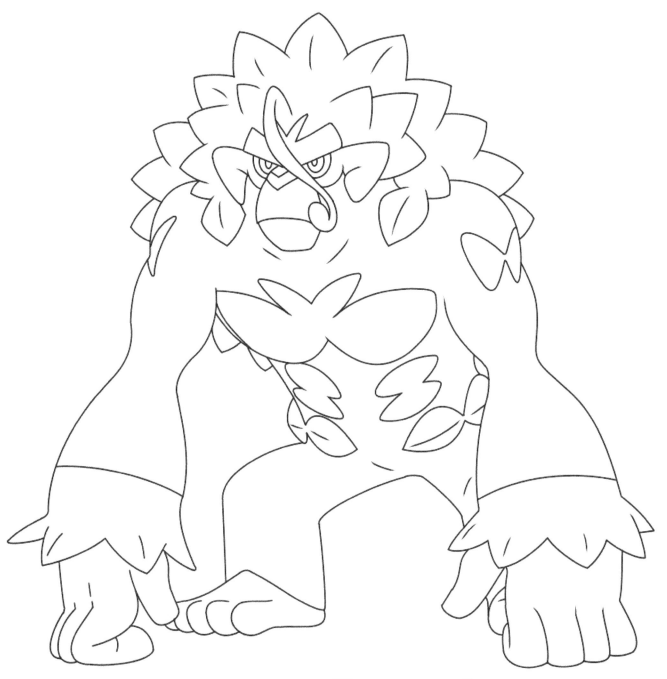

ABRA

Pokémon

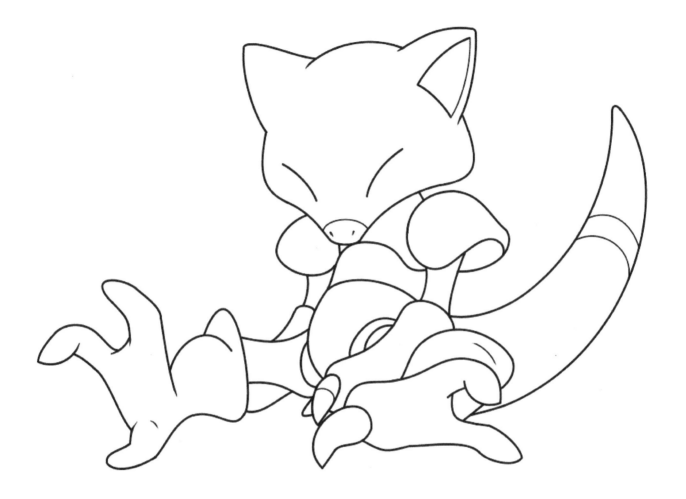

KADABRA

POKéMON

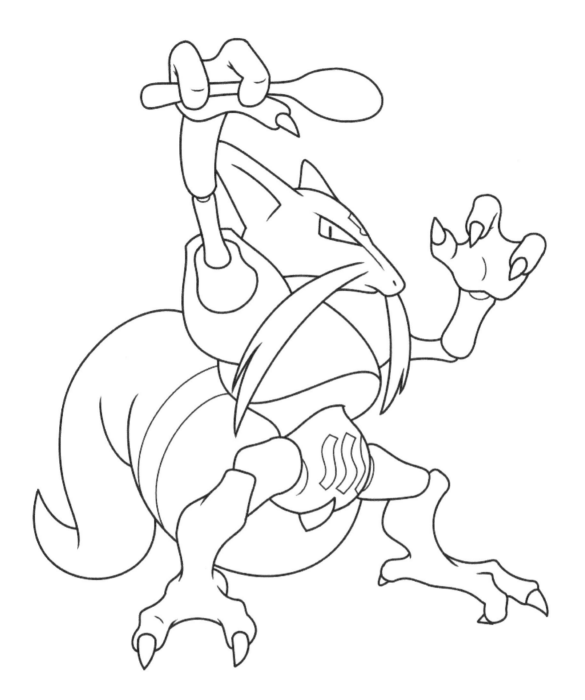

ALAKAZAM

Pokémon

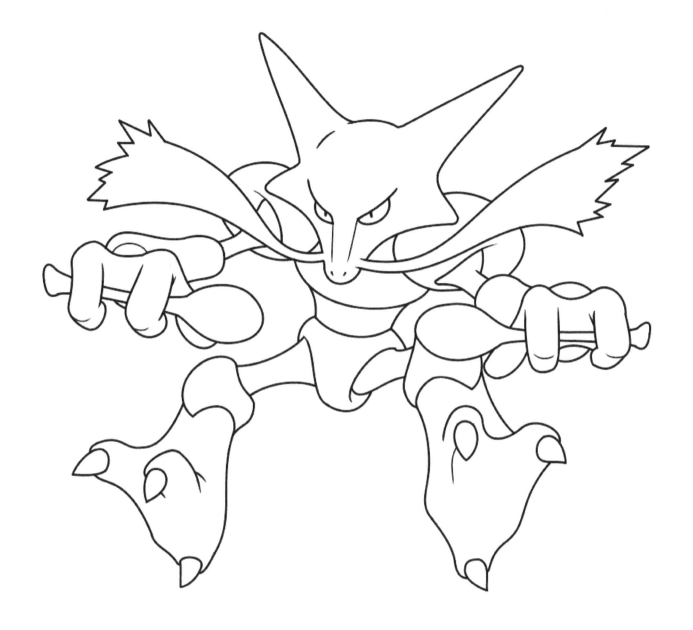

ZAMAZENTA

Pokémon

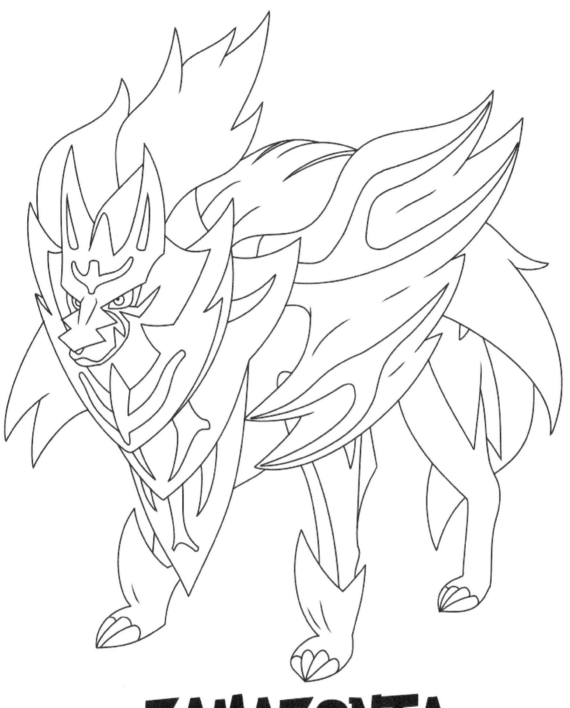

POLIWAG

Pokémon

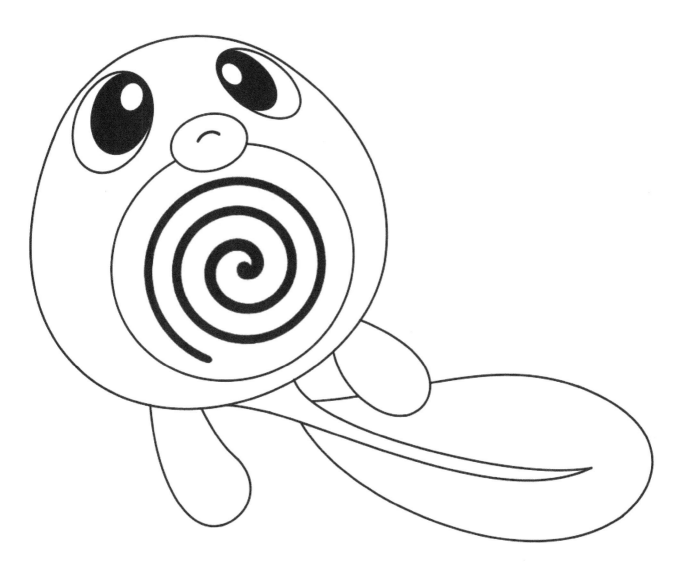

POLIWHIRL

POKÉMON

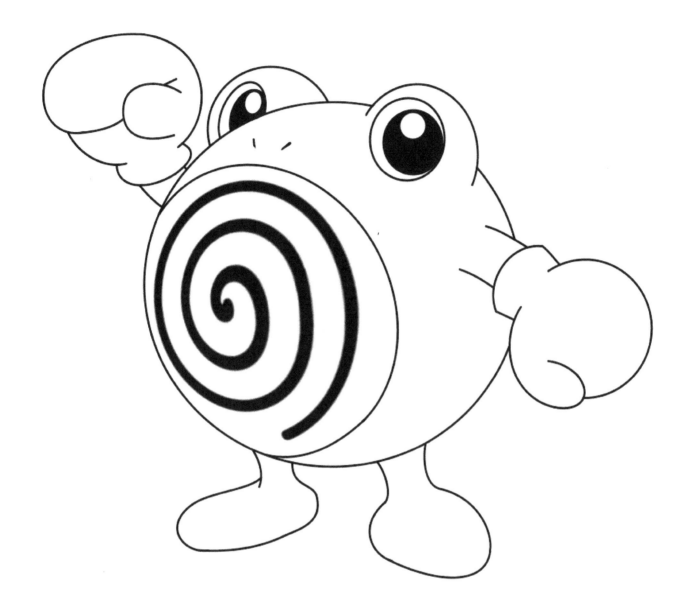

POLIWRATH

POKÉMON

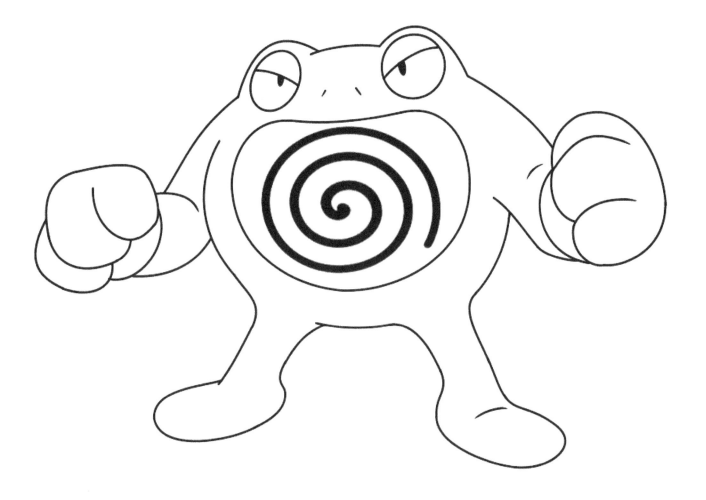

GROWLITHE

POKÉMON

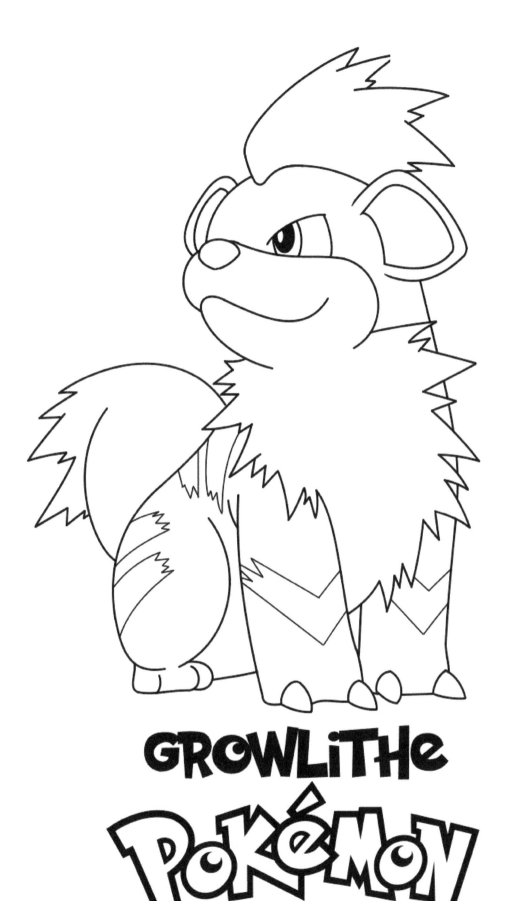

SCORBUNNY

POKéMON

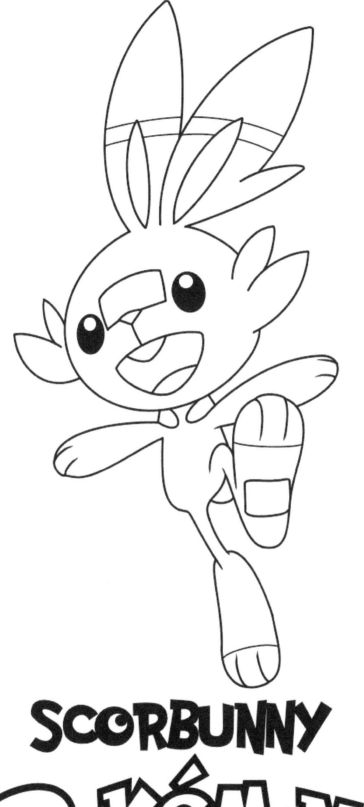

MANKEY

Pokémon

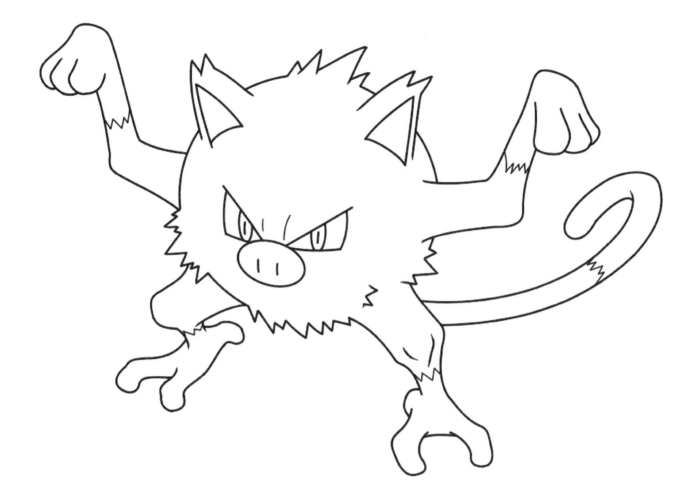

PRIMEAPE

POKÉMON

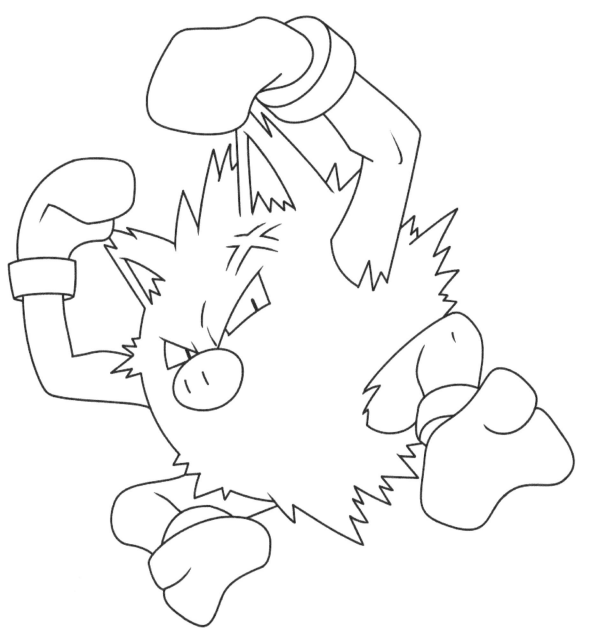

PSYDUCK

Pokémon

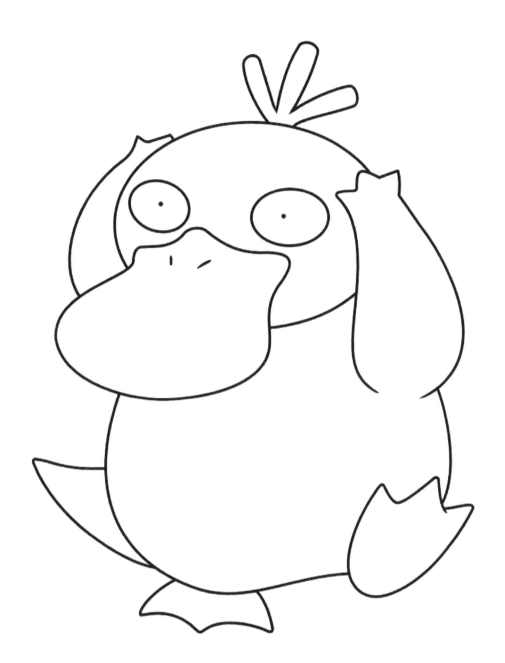

GOLDUCK

POKÉMON

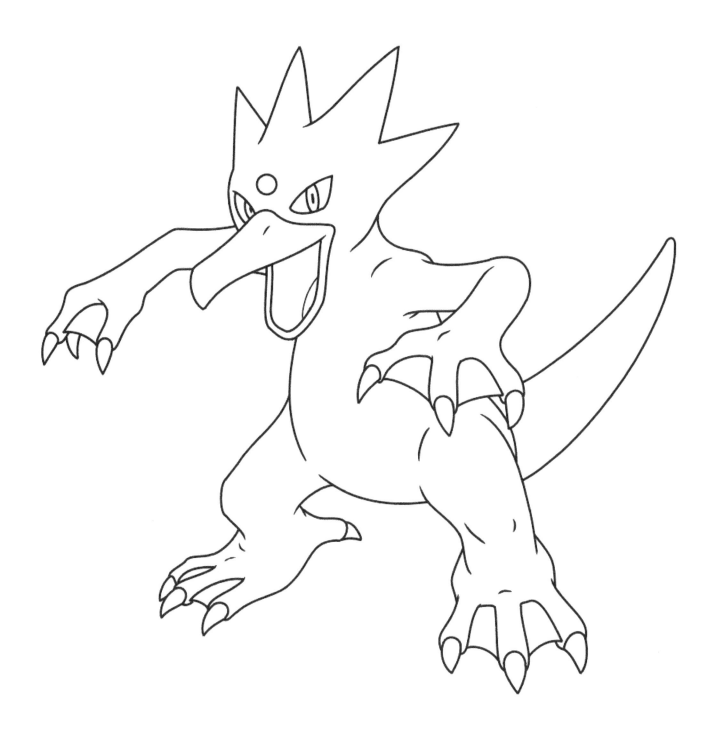

DIGLETT

POKÉMON

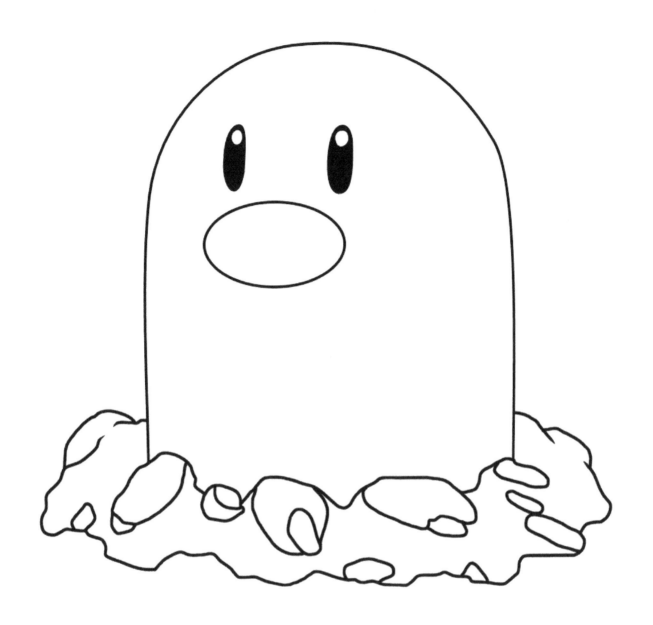

DUGTRIO

Pokémon

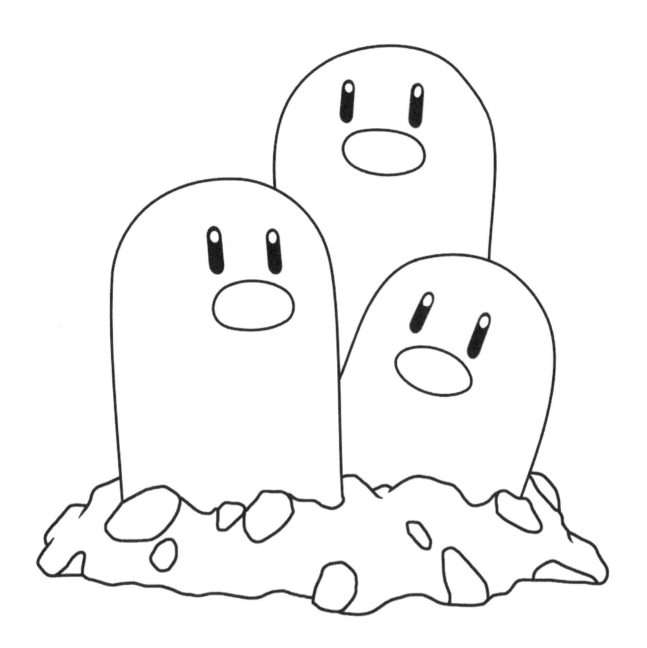

VENONAT

POKÉMON

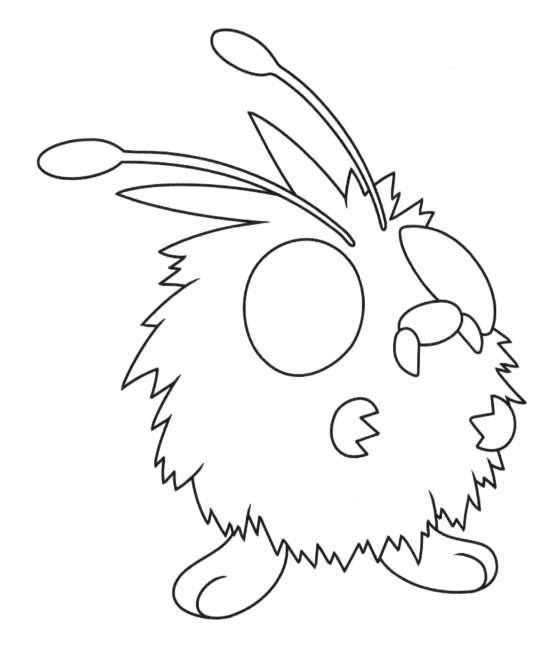

VENOMOTH

POKÉMON

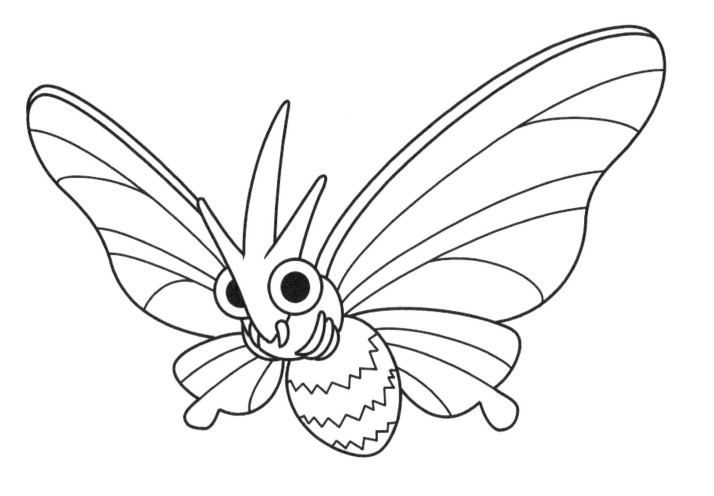

ZACIAN

POKéMON

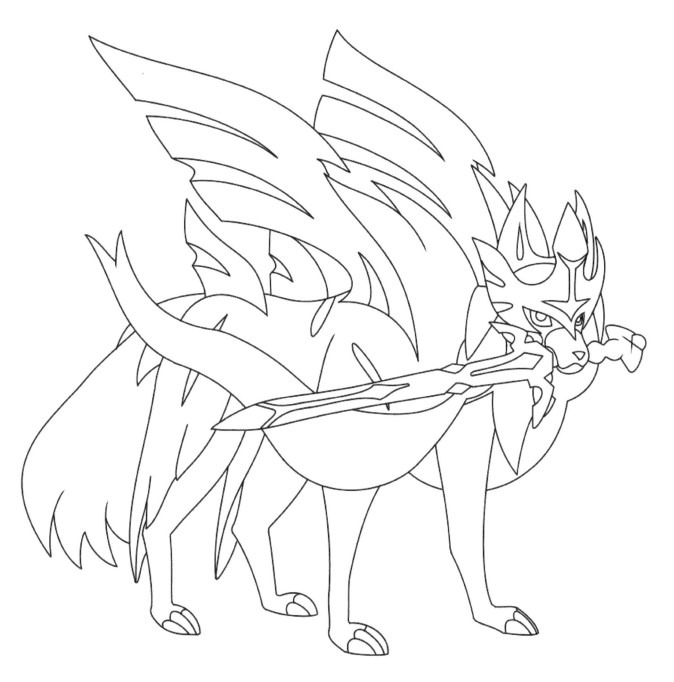

ORBEETLE

POKÉMON

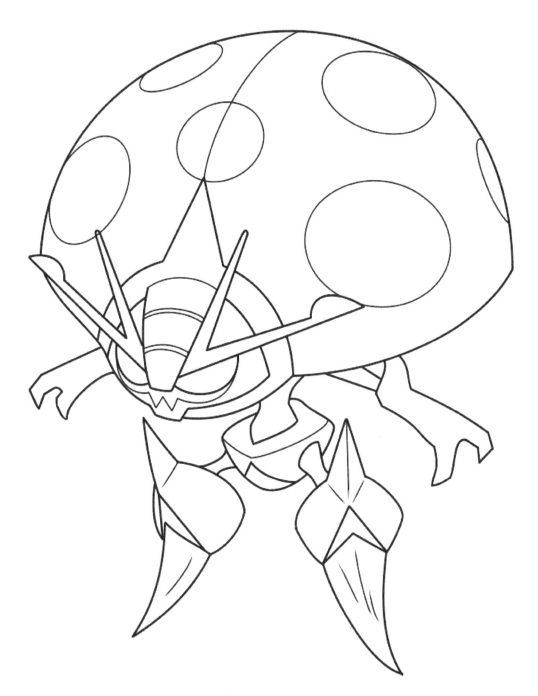

Well Done!

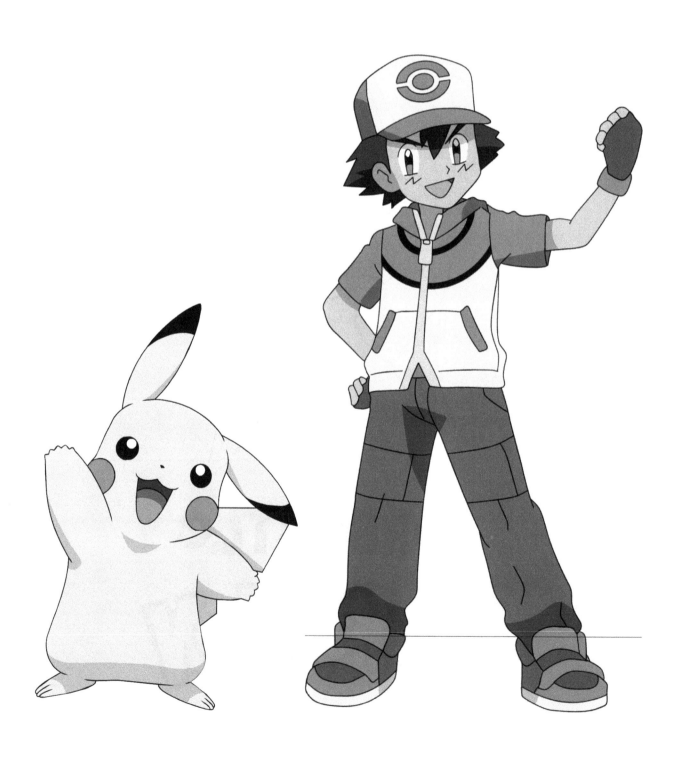

www.ingramcontent.com/pod-product-compliance
Lightning Source LLC
Chambersburg PA
CBHW080812191224
19260CB00037BA/1147

9 798641 190297